AF562871

A S. E. M. le Ministre de la Marine et des Colonies.

Monsieur le Ministre,

De longs services maritimes et notamment onze années de navigation sur les côtes d'Afrique & dans le canal Mozambique,

L'appui qui m'est donné par des personnes honorables, dévouées aux intérêts du commerce et de nos colonies, m'encouragent à soumettre à votre Excellence un plan d'expédition dont les résultats devraient être importants au point de vue maritime et commercial.

Il s'agit d'opérations de troque à effectuer sur les côtes d'Afrique, au Sud de l'équateur, et dans le canal Mozambique;

Puis deux transports d'émigrans libres, de ces côtes à nos colonies de la Réunion ou des Antilles.

Je n'ai pas besoin de signaler à votre haute appréciation l'importance, pour notre pays, de s'ouvrir de nouvelles relations commerciales, en dirigeant ses navires & ses produits vers les côtes les moins explorées, car aucune partie du globe n'a été moins visitée par nous jusqu'à ce jour. L'expédition projetée pourrait être regardée comme une exploration de pays nouveaux, et j'ai la confiance qu'elle ne serait pas stérile pour l'avenir.

Les observations nautiques, géographiques & commerciales que je pourrais constater, viendraient compléter celles que le gouvernement a déjà fait recueillir par les capitaines Guillain & Loarès, pendant les années 1846, 1847, 1848 & 1849, pour faire connaître à votre Excellence les bases sérieuses & les conditions de réussite de l'opération.

J'ai l'honneur de lui soumettre le détail complet du projet d'expédition, embrassant, comme je le signale plus haut, d'abord les voyages d'exploration & troque, puis le transport des émigrans aux colonies.

L'autorisation & les conditions du transport sont les premiers éléments du projet dont il s'agit.

J'ose espérer que le gouvernement, sur votre initiative, voudra bien me donner son appui sur ce point, en m'autorisant à transporter des travailleurs libres aux conditions accordées au capitaine Chevalier, du port de Nantes, dans les années 1854 & 1855.

L'indication des lieux de départ de ces travailleurs étant seul changé à son cahier des charges.

Permettez-moi d'appeler votre bienveillante attention sur le plan que j'ai l'honneur de soumettre à votre Excellence, et de me dire avec le plus profond respect,

Son très humble & très obéissant serviteur,

Thre Simon,

Capitaine au long-cours, à Nantes, quai Piperie, 2.

Amélioration de nos Colonies.

ENGAGEMENS
LIBRES
DE TRAVAILLEURS NATURELS

HABITANT LA CÔTE D'AFRIQUE, AU SUD DE L'ÉQUATEUR,
ET LA CÔTE EST D'AFRIQUE, OU CANAL MOZAMBIQUE, POUR ÊTRE INTRODUITS SOIT A LA RÉUNION
SOIT DANS NOS ANTILLES.

NANTES,

QUAI DE LA FOSSE, 25 — IMPRIMERIE DU COMMERCE — Mme VEUVE VICTOR MANGIN.

Mai 1855.

AMÉLIORATION DE NOS COLONIES.

ENGAGEMENS LIBRES

DE

TRAVAILLEURS NATURELS

HABITANT LA CÔTE OUEST D'AFRIQUE, AU SUD DE L'ÉQUATEUR,

ET LA CÔTE EST D'AFRIQUE, OU CANAL MOZAMBIQUE, POUR ÊTRE INTRODUITS SOIT A LA RÉUNION

SOIT DANS NOS ANTILLES.

NOTES SUR QUATRE OPÉRATIONS RÉUNIES DANS UN SEUL VOYAGE.

1° L'échange des marchandises sur les côtes d'Afrique, connue sous le nom de troque. — **2°** Un voyage intermédiaire de Madagascar à l'île de la Réunion, en bœuf et riz. — **3°** Un voyage d'engagés libres de la côte d'Afrique, au sud de l'Equateur et sur la côte Zanzibar, à introduire dans nos colonies. — **4°** Le fret du navire de l'île de la Réunion en France.

Les voyages d'engagés libres, joints à ceux de troque que j'ai faits pendant onze ans, m'ont donné des connaissances pratiques très étendues et approfondies de ces deux genres d'opérations.

Partant d'Europe avec une cargaison de 150,000 fr. et un navire de 400 tonneaux, on se dirigera sur le grand et le petit Sestres, situés sur la côte d'Afrique; on y échangera des marchandises, contre de l'ivoire, de la poudre d'or et du riz.

De ces points, on se dirigera sur la baie de St-Philippe de Binguella, où l'on vendra avec de grands avantages tout ce qui a rapport aux articles de Paris, et toutes espèces de comestibles, qui seront payés comptant ou en échange de poudre d'or et d'ivoire.

De cette baie, on se dirigera sur la rivière des Eléphans; si le temps le permet, on mouillera à son embouchure. En moins de 12 heures, des centaines de pirogues seront le long du bord avec des produits de l'intérieur; mais on ne devra y échanger que la cire, l'écaille, l'ivoire, la poudre d'or et quelque peu d'huile de mafura, en un mot, le moins de marchandises encombrantes possible, pour conserver toute la place nécessaire aux émigrans et à la cargaison de bœufs et riz à prendre à Madagascar pour la Réunion. De cette rivière, on doublera le cap de Bonne-Espérance. Si, dans le courant des mois de décembre et janvier, on se trouve à passer devant le port Natal, on devra s'y arrêter pour vente d'articles d'Europe contre de l'ivoire et des plumes d'autruches.

De ce port, on se dirigera sur la baie de Lorenço, point important pour la troque. On entrera dans la rivière principale; puis, à l'aide des embarcations, on visitera les rivières voisines. Dans cette baie, il sera facile d'échanger 35 à 40,000 fr. de marchandises.

De cette baie, on se dirigera sur Inhamban, rivière importante pour l'échange de l'ivoire et des bois d'ébénisterie. La ville d'Inhamban est l'entrepôt de toutes les marchandises des tribus du littoral de la rivière.

De cette rivière, on gagnera la baie ou la rivière de Solafa, point important pour l'ambre, l'écaille, la poudre d'or, le nacre de perle et de coquille, et quelque peu d'ivoire.

De cette baie, on se dirigera sur la rivière de Quiliman, pays extrêmement riche, population nombreuse. Dans cette rivière, la cargaison devra s'épuiser.

Puis on s'entendra avec le gouverneur et les commissaires de l'intérieur, afin de s'assurer si, dans un délai assez court, on pourrait embarquer les émigrans.

Dans le cas contraire, on devra faire route pour Mozambique, où il sera toujours facile de s'en procurer, dans un séjour plus ou moins long.

Si, par des circonstances que l'on ne peut prévoir à l'avance, on ne pouvait pas réunir le nombre nécessaire d'émigrans pour composer la cargaison en moins de deux mois, on expédiera le navire pour un voyage intermédiaire de bœufs et de riz, que l'on prendra à la baie de Bonbectoc (Madagascar), pour la garnison portugaise de Mozambique et les habitans, suivant marché fait à l'avance avec le gouverneur. A défaut de marché, le navire fera voile avec la cargaison partie en bœufs et partie en riz pour la Réunion. Les traversées moyennes entre les deux points, sont de 20 jours. Pendant ce temps, et par mes soins, la cargaison d'émigrans aura été préparée.

Reste la question des ressources à l'aide desquelles on pourra combiner ces opérations, raisonnant toujours sur la capacité d'un navire de 400 tonneaux, et 150,000 fr. de valeurs embarquées, divisées comme suit: 100,000 fr. en diverses marchandises semblables à celles portées au projet d'opérations de troque, et 50 autres mille francs en espèces, pour faire face aux frais à payer aux courtiers circulant dans l'intérieur pour les engagemens des émigrans, et l'achat du riz et des bœufs à la baie de Bonbectoc.

Aujourd'hui, ces opérations sont certaines, en raison des avantages accordés au pavillon français par le gouvernement portugais, qui l'admet dans touts les ports, rivières etc., situés au delà du cap de Bonne-Espérance, aux mêmes droits que ses nationaux, tandis qu'autrefois, ce pavillon y était assujetti aux droits énormes de 15 pour 0/0.

Supposant l'impossibilité de se procurer des émigrans, par conséquent n'ayant pour ressources que les bénéfices sur la cargaison d'Europe, on trouve d'abord que, vendue sur la Côte, elle donnera un résultat plus ou moins considérable, ce qui est démontré par le projet d'opérations ci-joint.

L'achat des produits de la Côte étant bien inférieur à la vente en France, assurera, en outre, un bénéfice attesté par le même projet. La capacité du navire étant de 400 tonneaux, et l'encombrement des produits échangés sur la côte n'étant que de 100 tonneaux, on complétera le vide par 180 bœufs achetés à Bonbectoc, et qui, par l'emploi de l'entrepont et le chargement des vivres dans la cale, déplaceront 200 tonneaux. Pour compléter le plein, on prendra 200 tonneaux de riz. La vente à la Réunion de cette nouvelle cargaison produira encore un bénéfice, et fera un nouveau vide de 300 tonneaux qui sera comblé par du sucre pour France, ce qui produira le dernier bénéfice. Comme on le voit, en l'absence de la possibilité d'introduire des émigrans, il n'existe aucune chance de pertes, les bénéfices seuls devant varier.

Il existe, sur les deux côtes d'Afrique, plusieurs baies et rivières accessibles à de grands navires, où les Portugais, les Arabes, les Maures et les habitans de Mascate entretiennent avec les naturels un commerce très important, consistant principalement en échange de cire, gomme copale et aloës, ivoire, écaille, ambre, huile et suif de Mafura, cornes de rhinocéros, racine de gingembre, safran, calwmbo, peaux de bœufs, de tigres, de zèbres, de gazelles, poudre d'or, nacre, plumes d'autruches, et beaucoup de vieux métaux.

Joignant ce genre d'opérations à celui des engagés, il faudrait un navire de 400 tonneaux: dans le cas contraire, un navire de 250 à 300 suffirait.

La cargaison, composée de marchandises diverses, peut être de 150,000 fr. et plus.

La capacité du navire étant de 250 à 300 tonneaux, le volume et le poids de la cargaison n'étant que de 90 tonneaux environ, pour remplir le vide, le navire fera escale sur la côte Ouest d'Afrique, afin d'y compléter son entier chargement en riz, dont le placement aura lieu avec avantage sur une partie des points de la côte Est.

De même, la cargaison en retour n'excédant pas 100 tonneaux, on devra faire escale dans la partie Ouest de Madagascar, pour y compléter de nouveau son entier chargement en riz.

Les 52 kilog. de ce grain coûtent à Madagascar de.	4 à	6 fr.
Et se vendront sur diverses parties de la Côte, de..	15 à	22
Les cours ordinaires à l'Ile de la Réunion........	12 à	16
— — en France.................	15 18 à	25

Un séjour de huit mois sur cette côte et Madagascar, m'a mis à même de me procurer tous les échantillons et notes nécessaires pour assurer le succès de ce voyage.

La concurrence qui existe sur tous les points du globe vers lesquels se dirigent les expé ditions maritimes, et qui rend quelquefois malheureuses les opérations les mieux conçues, ne peut être redoutée dans celle-ci, jusqu'à ce jour, aucun navire français n'ayant été expédié d'Europe directement pour cette côte.

A mon arrivée à Nantes, j'ai vendu divers produits de ces contrées, que j'avais apportés pour échantillons; bien que les prix que j'ai obtenus soient loin d'être ceux qui pourraient être offerts pour une quantité plus considérable, c'est sur ces prix que j'ai basé les bénéfices portés d'autre part.

J'ai également apporté tous les échantillons des marchandises propres à l'échange, qui m'ont été remis par les principaux traitans de la Côte et des îles. Ces échantillons, après avoir été soumis à divers fabricans, m'ont servi à déterminer les prix d'achat auxquels ils doivent être fabriqués, sans avoir égard aux primes de sortie.

Dans les notes ci-après, je ne donne point par espèces la quantité des marchandises qui doivent être exportées. Ce détail ne pourra être arrêté que lorsque l'époque du départ aura été fixée. Le placement des marchandises dépendant de la saison pendant laquelle le navire devra parvenir au terme de sa traversée, telle quantité devra être augmentée, diminuée ou supprimée, suivant l'époque à laquelle le navire quittera la France.

Noms des personnes qui m'ont fourni les notes et échantillons qui m'ont servi de base pour établir les prix de vente et d'achats dans l'état ci-après.

Jose de Mello, gouverneur de tous les comptoirs portugais dans le canal Mozambique, résidant à l'île Mozambique.

Joa Dacosta, gouverneur à la rivière du Saint-Esprit, dans la baie de Lorenço.

André Molss, gouverneur à la rivière de Inhambann.

D. André, gouverneur en sous-ordre dans la baie de Lorenço.

Cardoss, naturel de Dyou (Nord de l'Inde), chargé de percevoir les droits, et premier traitant sur toutes marchandises à Mozambique.

Desamwdinn, Maure de la côte d'Ajan, représentant de sa race, pilote major, premier traitant sur toutes marchandises à Mozambique, chef des bandes de naturels de la côte Missouri, employé constamment à la recherche de la gomme copale et à l'extraction des racines gingembre, safran, calwmbo.

Carle Frenézi, Génois, premier traitant à la rivière de Inhambann.

Duxandri, Bagnamm, naturel de Monbase, chef de sa race, premier traitant sur toutes marchandises à Mozambique.

Raph[le].-Ant[e]. Carvalho, Portugais, premier traitant comme desamwdinn.

Poudias, naturel de Moka, courtier entre les traitans de la côte Missouri et ceux de la baie de Mozambique.

RICHARD-P. WATER, Américain, premier traitant à l'île Oïbe.

A. DACRUZE, naturel de Rio-de-Seine ou Rivière-d'Or, homme puissamment riche.

D. LOUIS, naturel de Dyou, traitant à la baie de Mozambique.

SONDOLL, Maure de la côte d'Arabie, traitant sur la côte Missouri.

CATTRI, Bagnamm, naturel de Mascate, premier traitant sur toutes marchandises.

VICINTE, trois frères italiens, premiers traitans sur toutes marchandises.

LEMOSS, gouverneur à l'île Oïbe.

MANEXAND, deux frères natifs de l'île Socuta, traitans sur la côte Ouest de Madagascar, aux baies Bonbecloc et Saint-Augustin, cap de l'Est.

CONAN, Américain, capitaine du brick la *Généreuse*, sur les livres duquel j'ai pris quelques notes touchant sa cargaison vendue et celle échangée.

BAIE DE SAINT-PHILIPPE DE BINGUELLA. La population de cette baie se compose de Brésiliens, d'Indiens de Dyou, de Goa et de Surate, et le reste, des naturels de l'intérieur, nègres d'une remarquable intelligence, grand traficans, bons commerçans.

RIVIÈRE DES ÉLÉPHANS. La population de cette rivière se compose de Cafres, nègres très laborieux.

Le gouverneur ou chef de tribu donne carte blanche à tous ses sujets pour le commerce d'échange. Aussi voit-on souvent de ces grandes pirogues, à plus de 24 milles de terre, offrir aux navires qu'elles rencontrent des produits de cette partie de la Côte et beaucoup d'ivoire.

Il existe une foule de petites baies et rivières dont je ne fais pas mention, et qui, forcément, seront visitées dans le cours du voyage, par suite des vents contraires et des courans qui obligent de prendre mouillage.

Gros tissus.

	No	Achat	Vente.
Pièces toiles d'après dimensions	1.	9 75	16 50
— — —	2.	11 »	16 50
— — —	3.	13 »	22 »
— tissus de l'Ouest.	4.	9 »	16 50
— vêtements de Bagnans	5.	2 75	3 50
— — —	6.	4 20	9 15
— — —	7.	4 20	8 25
— vêtemens de Maures	8.	2 50	4 »
— — —	9.	6 50	10 50
— — —	10.	2 50	5 50
— — —	11.	2 20	5 50

	Nº	Achat	Vente
— vêtemens de Maures	12.	2 15	5 50
— vêtemens pour femmes	13.	3 10	5 50
— — —	14.	2 20	5 50
— — —	15.	1 25	2 75
— couvertures de Cammes	16.	1 20	5 50
— — —	17.	6 »	11 »
— turbans de Bagnans	18.	7 »	22 »
— — de Maures	19.	8 »	22 »
— Guinée blanche	20.	8 80	15 60

Cuivrerie.

		Achat	Vente
Manille cuivre jaune	2 à 3 liv.	1 50	5 50
— —	1/2 1	1 70	5 50
— —	1/4 1/2	1 90	5 50
— cuivre bruni	1/4 1/2	2 »	5 50
— — crisocale pour fillettes	1/4 1/2	4 »	11 »

Vin imitation Porto, fabriqué à Cette.

	Achat	Vente
1/2 pipe vin de Cette préparé	60 »	132 »
1/4 — —	35 »	65 »
Caisses vin de Saumur	36 »	88 »
Madère préparé	36 »	88 »
Frontignan	24 »	66 »

Liqueurs.

	Achat	Vente
Paniers anisette Cette ou Bordeaux	5 »	11 »
Caisses liqueurs assorties	30 »	88 »
— fruits au sirop	18 »	33 »
— eau-de-vie	» »	» »

Verroterie.

		Nº	Achat	Vente
Masses rubis de	120 rangs.	1.	» 75	1 50
— grenat	80 —	2.	6 »	12 »
— —	80 —	3.	3 50	7 »
— rocailles	100 kilog.	4.	112 »	224 »
— —	120 rangs.	5.	» 40	» 80

		No	Achat.	Vente.
— rocailles........................	100 kilog.	6.	252 »	504 »
— —	100 —	7.	252 »	504 »
— —	100 —	8.	112 »	224 »
— —	100 —	9.	100 »	200 »
— —	120 rangs.	10.	» 45	» 90
— —	100 kilog.	11.	133 »	266 »
— —	100 —	12.	147 »	294 »
— —	100 —	13.	147 »	294 »
— —	100 —	14.	105 »	210 »
— corail........................	1/2 kilog.	15.	45 »	90 »
— corniol........................	12 rangs	16	1 50	3 »
— —	40 —	17.	» 80	1 60
— —	12 —	18.	1 50	3 »
— perles taillées........................	24 —	19.	1 50	3 »
— —	12 —	20.	1 50	3 »
— rocailles........................	100 kilog.	21.	140 »	230 »
— —	100 —	22.	123 »	246 »
Perle goulgaude, demandée........................		23.	» »	150 0/0
— crisocal —		24.	» »	» »

Quincaillerie.

	Achat.	Vente.
Pelles, haches, bêches, manchettes........................	demandés.	
Couteaux d'après modèle, la grosse........................	34 «	82 50
Marmites de 1 à 10 points........................	demandées.	
Bouilloirs fer battu........................	3 80	8 25
Fer en barre (ou barrette)........................	2 »	2 50
Barils, clous........................	14 »	33 »
Boîtes amadou d'Allemagne........................	» 15	» 30
Boîtes allumettes........................	» 10	» 30
Caisses contenant outils sur commande........................	» »	» »
Trousses de chirurgien —	» »	» »
Boîtes d'instrumens pour nettoyer les dents........................	» »	» »

Armurier.

		Achat.	Vente.
Fusils de troque d'après modèles........................		17 »	33 »
Poudre par barils de........................	25 liv.	» 58	1 25
Pierres à fusil, le 100........................		» »	11 »

		Achat		Vente.	
Fusils de chasse		90	»	165	»
Pistolets doubles		50	»	82	50
— ordinaires		30	»	55	»
Poudrières		6	»	11	»
Sacs à plomb		7	»	16	50
Boîtes capsules		2	»	5	50
Poudre de chasse par paquets de		5	»	11	»
Plomb		»	40	1	25
Balles, chevrotines, lingots		»	»	»	»

Epicerie, Conserves, Salaisons.

		Achat		Vente	
Barils petit salé de	25 liv.	15	»	22	»
Fromage croûte rouge préparé		2	70	11	»
— pâte grasse		6	40	16	50
— gruyère		»	80	2	50
1/4 boîtes sardines		2	»	5	50
Boîtes pâtés lièvre, allouette, bécasse		6	»	11	»
Champignons, petits pois, fèves		2	80	5	50
Saumons, aloses, lamproies		8	»	16	50
Pains de sucre de	5 liv.	4	»	7	25
Paniers vermicelle et macaroni		4	»	11	»
Barils de beurre, houle de	25 liv.	20	»	68	75
Caisses saindoux		8	»	22	»
Pots de beurre préparé	1 liv.	1	»	2	50
Dame-jeanne vinaigre	12 lit.	7	»	16	50
Paniers huile d'olive, demandé		»	»	»	»
Barils de sucre du Brésil	32 liv.	»	»	33	»
Café	32	»	»	44	»
Caisses thé	6	»	»	44	»
Barils morue de	64	17	98	44	»
Tambourins sardines		10	»	16	50
Caisses harengs		4	»	11	»
Jambon préparé, petit (Brésil)		5	60	16	50
Gros sel à prendre aux îles		»	»	»	»
Flacons prunes, raisins, figues, de	2 liv.	2	50	5	50
Dragées et diverses sucreries par flacons		4	»	11	»
Pots de confitures par livre, en forme de flacons		2	50	5	50
Caisses fruits aux vinaigre (Marseille)		14	»	33	»

		Achat.		Vente.	
Peinture et Vitrerie.					
Caisses vitres de 8, 12, 16, 24, pièces, demandées...		»	»	200	°/ₒ
Barils peinture verte, métisse de....................	15	24	»	33	»
— vert olive clair........................	15	10	50	33	»
— blanche........................	15	10	50	33	»
— rouge........................	15	10	50	22	50
— noire........................	15	7	50	22	»
Touques huiles, essences de........................		6	»	22	»
Grosses, pinceaux de C. F. C........................		35	»	44	»
Forgeron.					
Chaînes de 120 brasses de 6, 7, 8 lignes...........		»	»	»	»
Par Maillons, de 15 brasses, 0/0..................		80	»	120	»
Ancres de 75 à 150............................		65	»	120	»
Grappins, demandés............................		»	»	»	»
Fournisseurs.					
Barils brai gras............................		7	»	16	50
— brai sec............................		7	»	16	50
— goudron............................		12	»	16	50
— coltar............................		15	»	26	50
Etoupes, par paquets de 50 kilog................		17	»	22	«
Poulies de 4 à 8 pouces, moyenne................		1	50	2	25
Aussières de 3 pouces 1/2........................		49	»	137	»
Petits cordages............................		49	»	110	»
Pavillons ou étamines, demandés................		»	»	»	»
Fil à voiles............................		1	30	2	50
Pièces toile d'après l'échantillon, l'aune.........		1	80	2	50
Aiguilles de 23 à 36 lignes, par boîte...........		5	»	11	»
Médicamens.					
Caisse ou coffre composé d'après notes............		100	»	300	»
Seringues à siége et à pompe.....................		10	»	25	»
Seringues de propreté et injections, demandées.....		»	»	»	»
Caisses de graines potagères, demandées............		»	»	»	»
Tabletier.					
Secrétaires portatifs, de 45 à 70 fr, soit..........		57	50	115	»

	Achat.	Vente.
Tabatières à sujets et jeu de bouillote............	7 50	16 50
Nécessaires pour hommes ou pour femmes, 15 et 25.	20 »	44 »
Jeux de cartes françaises, à dessins, et espagnoles..	55 »	110 »
Tableaux de faits d'armes espagnols................	7 »	16 »
Tableaux à sujets....	4 »	16 »
Glaces, miroirs, de 3, 12 et 25 fr...............	» »	100 p. 0/0

Ferblantier.

	Achat.	Vente.
Cafetières veilleuses................................	4 »	11 »
Filtres à café..	6 »	11 »
— ordinaires.......................................	3 »	8 »
Lampes suivant notes	demandées.	
— économiques en cuivre........................	6 »	16 50
Balances..	15 »	33 »
Baignoires en zinc	24 »	66 »
Plateaux grand dessus..............................	6 »	11 »
Boîtes ferblanc, par jeu............................	2 »	5 »
Veilleuses et mèches pour lampes...............	demandées.	
Malle en zinc..	20 »	50 »

Cordonnier.

	Achat.	Vente.
Paires souliers de soldats..............................	demandées.	
Chaussons pour hommes, femmes, filles, garçons......	» »	» »
— pour filles, en prunelle	4 »	8 25
— — en satin	4 »	8 25
Brodequins couleur, femmes, filles (pour un seul point).	7 »	16 50
Escarpins pour hommes et garçons..................	6 »	8 25
Souliers-bottes..	7 »	16 50
Bottes très légères	15 »	33 »
Sabots-souliers, hommes, femmes, filles, garçons........	3 »	8 »
Chausse-pieds	» 70	2 50

Chapellier.

	Achat.	Vente.
Chapeaux soie noirs	8 »	22 »
— gris poil ras....................................	11 »	22 »
— soie gris..	10 »	22 »
— espèces de castor.............................	16 »	33 »

		Achat		Vente	
Chapeaux vernis gris blanc		3	»	10	»
— — noirs		2	»	5	»
Casquettes de toute espèce, d'été		»	»	»	»
— d'uniforme portugaises		»	»	»	»
Capotes cirées		16	»	33	»
Galons divers, broderies, échantillons	200 0/0	demandés.			
Boutons dorés	—	—			
— à pierre agathe fausse	—	—			

Parapluies.

	Achat		Vente	
Parapluies de 30 pouces	18	»	33	»
Ombrelles	12	»	22	»
Cannes de fantaisie, 1, 2, 3, 4, 6, soit	5	»	12	»

Horlogerie.

	Achat		Vente	
Montres en or, par boîte	108	»	220	»
— en argent, savonnette, 18 à 60 1/2	39	»	82	»
Clés de montres, portrait Napoléon	8	»	33	»
Chaînes de montres en or	70	»	82	»
— en argent	25	»	40	»
Pendules	120	»	275	»
Service argenterie	demandé.			
Verres de montres, par boîte de 120 12	1	50	2	75
Grands ressorts et chaînes	démandés.			
Parures de femmes, en crisocalque	20	»	55	»

Parfumerie.

	Achat		Vente	
Boîtes essences assorties, par 6 flacons	6	»	16	50
— composées de 4 pots pommade, 1 savon, boîte poudre à barbe	6	»	16	50
— de savon à l'amande avec pinceau	3	»	5	50
— — plus beau	5	»	11	»
Peignes à cheveux, pour femmes	4	»	11	»
— à papillotes	0	60	1	37
Brosses à cheveux et à effets	3	50	11	»
— communes	1	25	2	50
Bretelles ordinaires, la douzaine	24	»	»	44

	Achat		Vente	
Bretelles à broderies et dessins	72	»	132	»
Gants glacés, pour hommes et femmes	24	»	38	50
— fil d'écosse écru	30	»	66	»
— blanc	36	»	66	»
— très commun	»	»	»	»
Manches en velours cramoisi, pour cadeau	»	»	»	»

Articles de bureaux.

Ecritoires, tombeau Napoléon	demandés.			
Bouteilles d'encre noire, le 100	20	»	55	»
Rames de papier de 7 à 9 fr	9	»	16	50
— papier dit écu	12	»	22	»
Cire par flacons de 1/8 de kilog	2	»	5	50
Pains à cacheter par flacon de 1/8 de kilo	2	»	5	50
Crayons par 2 douzaines	4	»	11	»
Plumes en paquet	»	70	1	37
— métalliques	2	25	5	50
Porte-plumes, plumes hollandées par boîte	demandés.			
Boîtes peinture et portefeuilles, carnets	—			
Registres réglés	—			
Un portefeuille de commerce, de cadeau	—			

Faïence et Verrerie.

	Achat.		Vente.	
Porte-huilier en plaqué, de 9 et 15	12	»	38	»
Porte-moutardier, salières, de 5 à 15	10	»	33	»
Carafe en verre taillé pour vin	3	»	5	50
La douzaine verres unis à pied	4	»	11	»
— — fondus et taillés	18	»	44	»
— plats grosse terre	6	»	10	»
Soupières communes grosse terre	1	»	2	50
La douzaine assiettes	1	80	5	50
Bouteilles ordinaires	20	»	60	50
Bouchons	demandés			
Petites bouteilles et pots pour pharmacie	demandés			
Assiettes de Montereau	3	»	8	25
— pour le dessert	3	»	8	25
Soupières jaunes, terre rouge, blanche	4	»	8	25

	Achat		Vente	
La douzaine plats carrés à couvercles...............	15	»	33	»
Pots et cuvettes de couleur.........................	5	»	11	»
Pots de nuit..	6	»	16	50
Service pour thé, ordinaire.........................	20	»	55	»
— doré..	40	»	88	»
La douzaine bols à thé, de toutes espèces, convenables. pour le pays....................................	3	»	5	50
La douzaine coquetiers de couleur...................	4	»	5	50
— sauciers —	10	»	16	50
— beurriers...	10	»	16	50
— soucoupes, suivant modèle.........................	10	»	16	50
— théïères, suivant notes...........................	24	»	66	»
Service complet, façon anglais et autres.				

Vêtemens d'hommes.

Capottes de troc, tissus Sanitas....................	12	»	22	»
Paletots —	8	»	16	50
Chemises molleton bleu et rouge.....................	5	50	11	»
Bonnets laine.......................................	1	50	2	50
Bonnets bengalis, bordure couleur...................	3	»	5	50
Levites laine croisée, espèce lasting...............	50	»	82	50
— drap très léger, gros ventre......................	50	»	88	»
Habits..	60	»	88	»
Paletots drap lasting...............................	38	»	55	»
La douzaine chemises fantaisie, beau modèle.........	60	»	99	»
Gilets velours, lasting, soie, satin................	14	»	33	»
La douzaine chemises Guingamp.......................	48	»	88	»
Levites indienne, gros ventre.......................	10	»	33	»
Pantalons d'été, lasting noir, de 7 à 16............	12	»	44	»

Nouveautés.

Pièces drap bleu, extrêmement léger, 24 aunes.......	14	»	44	»
— lasting noir et tissus laine, 24 —	60	»	132	»
— drap écarlate (léger, sur échantillon), 24 aunes...	144	»	264	»
Cols cravates.......................................	6	»	11	»
La douzaine cravates soie...........................	60	»	98	»
— — en belle qualité................................	144	»	264	»

		Achat.	Vente.
La douzaine chaussettes coton, 1/10 en couleur......		12 »	33 »
— — plus inférieures.......		9 »	22 »
— bas blancs pour femmes ou filles.. ...		15 »	44 »
— bas à jours.........................		30 »	66 »
— bonnets de coton		2 »	5 »
— bas de soie et filoseille, par quart......		109 »	264 »
Manteaux laine, d'après modèle..................		35 »	60 50
Pièces frise, très légère, de 15 aunes...............		45 »	200 0/0
Pièces mousseline, très légère, de 7 aunes........ .		2 »	5 50
Pièces mousseline, demi-deuil, de 7 aunes....... ...		1 70	5 50
La douzaine cravates mousseline d'Ecosse..........		20 »	44 »
Voiles en tulle brodé noir, blanc...................		30 »	66 »
Châle laine, à bordure, fond blanc.....		40 »	55 »
Châle en coton, sur échantillon		7 »	16 50
Coupons indiennes..................	42 aunes.	2 »	5 50
— —	14 —	2 »	5 50
— Guingamp (jolie)........................	14 —	1 50	3 »
Coutils, sur échantillon......................	14 —	2 »	5 50
Madras, suivant dessins................................	20 —	2 50	5 50
Pièces mousseline supérieure........................	12 —	3 »	5 50
— — inférieure......	12 —	2 »	3 50
— calicots..	15 —	15 »	33 »
— — inférieur......	15 —	» 45	1 25
— coton rouge.........	12 —	18 »	30 »
— coton rouge, bouquet jaune....................	12 —	24 »	55 »
— velours coton, petite quantité....		6 »	11 »
Soie rouge, verte ou jaune, par coupon de 8 mètres, soie extrà-légère..................................		3 »	11 »

Modes.

	Achat.	Vente.
Chapeaux pour femmes, dans leur carton............	30 «	60 50
— — plus inférieurs.............	18 »	33 »
Boîtes faveurs assorties, au drap écarlate.............	demandées.	
— pour décorations, rouge et bleu...............	—	
— rubans assortis, noir...........................	—	

Mercerie.

	Achat		Vente.	
Boîtes, fil blanc, assorti, l'une	2	»	5	50
— — dit sous-bande	2	»	5	50
— noir	2	»	5	50
— rouge	2	»	5	50
— jaune	2	»	5	50
— gris	2	»	5	50
— lacets fil noir et blanc	2	»	5	50
— soie	7	»	16	50
— liens de velours	7	»	16	50
— cordons de coton	4	»	11	50
— crochets argentés	2	»	5	50
— boutons pour vêtemens	2	»	5	50
— — chemises	2	»	5	50
— aiguilles, différens numéros	2	»	5	50
— épingles	2	»	5	50
— liens de fil assorti	4	»	11	»

Ustensiles indispensables pour le voyage.

Paquets pour l'engagement des Croumens, sorte de canotiers.

4 Embarcations de forme et construction convenables, munies d'une tente pour le soleil et d'une tente imperméable pour les pluies et la nuit.

6 Grapins pour chenaler, pour les rivières.

6 bouées de couleur pour le même but, petite aussière pour chaque embarcation.

1 Romaine de 200 kilogrommes.

1 Balance pour or.

2 Pierres de touche.

2 Bouteilles acide.

2 Limes.

2 Pinces.

1 Sonde pour les dents d'éléphants.

2 Ciseaux pour les —

2 Marteaux —

1 Livre, tarif en douanes de toutes les marchandises.

État de santé de l'équipage sur les côtes.

Chemises de molleton laine rouge et pantalons, sabots, chapeaux de paille et capotes cirées

Filets de pêche. — 2 Seines, quatre mailles, demandés; lignes de pêche et boucauts de tabacs pour échange de vivres; fers en barres, pour échange divers.

Observations sur divers articles de la cargaison.

Verroterie. — Les capitaines Conan, américain, dans son voyage dans la mer rouge, sir Robert Hunt, de Londres, et Anthaume, de Maurice, vendirent en passant à la baie de Lorenco (ou Delagoa), les nos 16, 17, 18, 19 et 20, 5 fr. 50 c., ce qui coûte en France 1 fr. 50. On ne doit cependant pas croire à un aussi grand bénéfice dans toutes les escales; ceux auxquels on doit s'attendre seront de 100 à 150 pour 0/0.

Eau-de-vie. — Elle s'écoule très facilement sur différens points des deux côtes, mais il faut qu'elle soit enfutaillée convenablement.

Farine. — Le baril a été vendu 12 piastres ou	66 fr.	
l'achat en Amérique à ces époques était de	38	
— au Brésil de	49	50
— en France de	40	»

Arrivant sur la côte de l'Est avant les caravanes arabes, on vendra un 1/3 de plus que les prix ci-dessus.

Salaison. — Donne souvent 200 0/0 de bénéfice, jamais au-dessous de 50; mais il faut un enfutaillage convenable.

Beurre. — 3000 kilog. venant du Brésil ont été vendus, pendant mon séjour, à 5 fr. le 1/2 kilog.

Saindoux. — 2,000 kilog. vendus à 5 fr. le 1/2 kilog.

Fer, clous, pointes. — Articles d'un écoulement facile et indispensable pour placement de plusieurs articles de la cargaison.

Cuir, fils, soie, pour confection de chaussures. — Ces trois articles ne figurent point dans la cargaison, attendu que l'on ne devra en faire l'achat qu'autant que l'on sera certain d'arriver sur la côte avant les navires brésiliens, qui tous les ans apportent ces articles (les bénéfices de 80 à 150 0/0.)

Vin. — Aujourd'hui, il sera facile de se procurer des vins imitation Porto, à Cette, ou de passer à Porto, en raison des faveurs accordées depuis peu au pavillon français.

Liqueurs de choix. — Introduites dans les comptoirs portugais dans une saison convenable, s'écouleront.

Épicerie. — Sucre du Brésil ou de la Havane, par barils de 32 kilog., baril compris. Achat en France, 50 cent.; vente sur la cote, 1 fr. 37 c.

Café Haïti : achat, 70 c. la livre, vente sur la côte 1 fr. 25 c. par baril de 16 à 32 livres.

Sucre en pain de 4 livres et au-dessus, par barrique, embourré de paille.

Thé : Cet article peut donner peu ou beaucoup de bénéfices. Arrivant sur la côte avant les navires arabes du nord de l'Inde, on obtiendra facilement de 80 à 120 p. 0/0. Dans tous les cas, cet article est indispensable *par petites caisses.*

Salaisons, beurre, saindoux, fromages, morues, conserves, etc. : Tous ces articles sont introduits par des navires du Brésil et de la Havane ; mais généralement ils sont de mauvaise qualité et très mal conservés.

Peinture et vitrerie. — Ces articles m'ont été demandés sur beaucoup de points de la côte et des îles, à des prix fabuleux.

Fourniture pour la marine. — Brai, goudron, coltar, étoupe, poulies, cordages, fils à voiles, ficelles, lignes, toiles, etc. : Tous ces articles se placent très avantageusement à Saint-Thomé, à Saint-Philippe de Benguela, à Mozambique, à Bonbectoe et à Mayotte

Produits de divers points de la côte que j'avais apportés pour échantillons, et vendus à divers :

M. Decroix, négociant, commissionnaire à Nantes, une défense d'éléphant pesant 57 kilog. 500, à 8 60 1/2 le kilog.......................... 939 »
Achat sur la côte, frais payés, à 5 92 le 1/2 kilog .... 630 »
Bénéfice net................ 309 »

Observation. — Il y a des défenses qui pèsent 70 kilog..................

Ambre gris. — 34 onces 6 gr. à 11 fr l'once...................... 382 »
Achat sur la côte, frais payés...................................... 250 »
Bénéfice net. .... 132 »

Racine calwmbo. — 30 kilog. 50 à 0 fr. 75 c....................... 45 »
Achat sur la côte, le tout par sac.................................. 5 »
Bénéfice net................ 40 »

Tous ces articles ont été achetés à la commission, pour Paris, ce qui donne lieu de croire que, vendant directement, on obtiendrait des prix plus forts.

M. Morillon, marchand de parapluies, une pointe rhinocéros 4 kilog. 50 à 12 fr. 50 c. le kilog.. 56 »
Achat sur la côte, à la pièce, 4 piastres, ou.......................... 22 »
Bénéfice net................ 34 »

Gomme copale. — à tous les épiciers, le 1/2 kilog................. 1 30
Achat sur la côte.. » 70
Bénéfice net................ 0 60

Ecaille. — Présenter les échantillons à M. Audrain, à Nantes, ainsi qu'à Paris, on obtiendrait du 1/2 kilog....................................... 40 »
Achat sur la côte, au morceau....................................... 18 »

Achat dans les îles.. 22 »

Bénéfice net, le 1/2 kilog..... 20 »

Cire. — Présenter les échantillons à plusieurs ciriers :

	Achat	Vente.
La première qualité....................	» 90	1 30
La deuxième qualité..................	» 80	1 20
La troisième qualité	0 60	1 »

Bénéfice approximatif : 50 pour cent au moins.

Dents d'hippopotame. — Deux ont été vendues à M. Audrain à Nantes, leur poids, en moyenne, 6 kilog. 50, vendu le 1/2 kilog...................... 3 50

Achat sur la côte.. 2 20

Bénéfice net.................. 1 30

On en trouve en très grande quantité.

Peaux. — Sur tous les points des côtes les traitans m'ont offert des peaux de tigres, de zèbres, de gazelles, de lions et de singes, à des prix très réduits, en échange de marchandises, à raison d'une piastre (5 fr. 50) pour les lions, tigres, zèbres, et 2 fr. 50 pour les gazelles.

Peaux de bœufs, en très grande quantité aux baies de Bonbectoe, Saint-Augustin (Madasgascar).

Gomme aloës. — Il en existe sur beaucoup de points de la côte; le centre de production est l'île Socota, à l'entrée de la mer Rouge.

Poids et Mesures. — Sur tous les points de la côte et des îles, comparés à ceux de France :

L'arrobe	équivaut	à	15	kilogrammes	français.
La pange	—	à	15	—	—
La gamelle	—	à	52	—	—
Le matical	—	à	0 1/5	d'once	—
Le capoutin	—	à	0 10	pieds	—
La main	—	à	0 5	—	—
Le caûve	—		0 3	8	—

Qualité de l'ivoire. — Les défenses de 1re qualité devront peser au-dessus de 20 liv.

—	de 2e	—	livre portugaise, 14 onces	16 —
—	de 3e	—	—	12 —
—	de 4e	—	—	8 —
—	de 5e	—	ou dents de cheval marin	5 —

Qualité de l'écaille. — Les morceaux de 1re qualité devront avoir de 7 à 11 pouces.

—	de 2e	—	5 à 7	—
—	de 3e	—	4 à 5	—

Cornes de rhinocéros. — L'achat de la première qualité se fait à la corne. Sa longueur, du talon à la pointe, devra avoir (minimum) de 34 à 36 pouces portugais.

La deuxième qualité s'achète au poids.

Qualité de la gomme copale. — Cet article se divise en trois nuances ou qualités :

La gomme rouge,
La gomme jaune,
La gomme blanche.

Ces trois nuances peuvent être à la fois de première, deuxième et troisième qualité, attendu que les Arabes emploient divers procédés pour la faire blanchir. On ne pourra faire la distinction de ces qualités qu'en les comparant à des échantillons dont on devra être munis, ou par l'action du feu.

Qualité de l'Ambre. — La première qualité est l'ambre gris.
La deuxième — l'ambre brun.
La troisième — l'ambre jaune.

L'ambre gris se reconnaît lorsqu'il est en morceaux ; en l'écornant, sa partie nette doi représenter l'œil de perdrix.

L'ambre brun et jaune sera soumis à l'action du feu, attendu que les Arabes la fraude considérablement.

Gomme Aloës. — On ne considère qu'une qualité, mais il faut qu'elle soit très propre et d'un beau luisant ; on la reconnaîtra par sa teinte jaunâtre en l'éprouvant, et son amertume en la posant sur les lèvres. La plus grande quantité se ramasse à l'île Socota. On peut l'acheter liquide.

Exportation des produits de la côte Inhanban, sorties par la paline FLOR, *se rendant à Damoa, situé dans le nord de l'Inde (année moyenne) :*

1268	défenses d'éléphant, pesant ensemble	21,032 kilog., à.......	4	fr.	80
659	— —	13,472 —	4		46
70	— —	576 —	3		50
186	— —	382 —	2		50

Sorties par le sumack arabe *Félix*, se rendant à Monbase (année de la grande guerre de religion) :

207	défenses d'éléphant, pesant ensemble	2576 kilogrammes, à.....	5	fr.	»

Sorties par la paline le *Maure* (rivière de Inhanban), se rendant à Dyoü :

707	défenses d'éléphant, pesant ensemble	15,904 kilog., à.........	4	fr.	46
71	— —	736 —	3		80
517	— —	15,356 —	4		50

Sorties par la paline *Estrella* (rivière de Inhanban), se rendant à Damoa :

1435 défenses d'éléphant, pesant ensemble 18,432 kilog., à .... 3 fr. 85

Les moyennes sont prises sur quatre qualités.

Sorti de la rivière de Inhanban par la paline le *Inhanban*, se rendant à Goâ :

1230 défenses d'éléphant, ensemble 14,782 kilog. à .... 3 fr. 70

Sorti de la même rivière par la paline *Islamo*, se rendant à Monbase :

1771 défenses d'éléphant, ensemble 18,800 kilog, à .... 4 fr. 60

Rivière Quilimann — Il est exporté de cette rivière au moins autant d'ivoire que de la rivière de Inhanban.

Mais il est sorti en plus dans une année moyenne de 6 ans :

Ambre, poudre d'or, vieux métaux, pour .... 112,845 »
96 peaux de zèbres et tigres, depuis 3 à .... 9 »
130 pains de cire, pesant ensemble 6,400 kilog .... » 90
154 cornes de rhinocéros, de 3 à .... 20 »
109 peaux de bœufs, de 2 à .... 7 »
Huile de mafura, les 0/0 kilog à .... 52 »
Suif — les 0/0 kilog. à .... 30 »

Ces deux articles sont très convenables pour la fabrication du savon et de la bougie.

De l'île Oïbe. — Dans une année moyenne de 6 ans, par divers navires arabes, se rendant à Dyoü, Goâ, Bombay, Surate, Mascate, et par suite en Chine :

120,000 kilog., gomme copale.
400,000 — racine calwmbo.
260,000 — — safran, gingembre.
166 barriques coquillages.

Mozambique. — Cette baie est fréquentée tout les ans par des navires arabes, maures et des baleiniers de toutes les nations; on y exporte de l'ivoire, de l'ambre, de l'écaille, de la poudre d'or, de la cire, des cornes de rhinocéros, nacre de perles, nacre de coquilles, peaux de bœufs, tigres, zèbres, gazelles, racines gingembre, safran et calwmbo.

Produits exportés de la baie de Bonbectoe par le capitaine Conan, commandant le navire américain la GÉNÉREUSE*, dans son voyage de troc dans le canal Mozambique, relâchant aux îles Oïbe, Anjouan et Comores :*

2,800 peaux de bœufs, à raison de 5 50
723 livres écaille, à raison de .... 22 »

Dans une année moyenne de 6 ans, on prétend qu'il a été exporté de la baie de Bonbectoe, de l'île Oïbe, des îles Anjouan, et de la plus au nord des Comores.

15,000 peaux de bœufs, veaux, vaches, etc.
1,723 kilog. écaille de tortue.

Produits exportés dans une année moyenne de six ans, de l'île de Zanzibar,

Seulement sur les relevés des droits perçus à la sortie, ce qui n'est pas exact, attendu que la fraude se fait plus facilement qu'aux rivières de Inhanban et Quilimann.

Cette île ne produit que du girofle et du riz, mais elle est l'entrepôt des produits des diverses parties non accessibles à de grand navires sur la côte Zanzibar et d'Ajan.

5,000 défenses d'éléphant sorties dans un an, pesant ensemble	37,500 kilog. à	3	60
200 — — —	1,200	4	95
» Ecaille...	4,020	26	»
» Gomme copale	113,000	0	71
200 peaux de tigres et zèbres		5	75
» Nacre de coquilles, le sac de	16	5	50
» Nacre de perles, gomme, aloës, mémoire		»	»

Produits exportés de la rivière de Lorence ou Lorenço-Marquez (Delagoa-Baie), moyenne de quatre ans :

270	défenses d'éléphant, pesant 17,500 kilog.	4	70
1002	— — 5,400 kilog.	4	18
140	— — 1,872 kilog.	3	90
272	— — 644 kilog.	2	20
»	Cire — 13,500 kilog.	»	87
117	onces poudre d'or	82	50
58	peaux de tigres et zèbres, de 3 a 7 fr.	5	»
109	paquets écaille, de 3 à 5 kilog. 1/2	22	»
186	pointes rhinocéros, l'une	11	»

Produits de la baie de Saint-Philippe Benguela :

Huile de palme, ivoire, cire; le capitaine Conan, du brick américain la *Généreuse*, il échangea une valeur de 7,300 piastres contre de l'ivoire, à 5 fr. 75 et 3 fr. 90 le 1/2 kilog., et de la cire de 60 à 75 cent. le 1/2 kilog. Parmi les défenses d'éléphant il y en avait du poids de 74 kilog.

Produits exportés de la partie Ouest de Madagascar aux baies Saint-Augustin et Bonboctoe :

Bœufs gras de boucherie, de	30	à	40
— maigres, inférieurs	20		30
Peaux vertes de bœufs	3		5
— sèches de bœufs	4		7
Riz commun, les 52 kilog	4		7

Riz blanc nettoyé, les 52 kilog	6	8
Ecaille, le petit carré, la livre	»	20
— le grand carré, premier choix	»	33
Gomme copale, le 1/2 kilog. de 30 à 75 cent.		
Ebène net d'aubier, pour 100 kilog	7	12
Barils de bœuf salé, les 150 kilog	30	42

Etat de santé de l'équipage sur la côte.

Chemise de molleton laine rouge, pantalons dito, sabots, chapeaux de paille, capotes cirées. Tous ces objets sont indispensables pour éviter les fièvres, germes de toutes les maladies chroniques de ces contrées.

Navigation de la baie de Lorenço-Marquez ou Delagoa-Baie

Cette baie renferme trois rivières propices au commerce d'échange.

La rivière du Saint-Esprit seule est accessible à de grands navires. Elle est ouverte à l'Est, bornée au Nord par le cap des Courans; au Sud, par l'île à Unka. Son entrée, facile, offre cependant un aspect effrayant par une foule de lignes de démarcation d'eau occasionées par les différens brasséïages que l'on y trouve et lies de courans marqués par du frai de baleine.

Elle offre plusieurs bons mouillages dans l'Ouest de l'île à Unka, par 8, 10 et 15 brasses d'eau, fond de sable vasart et coquilles brisées.

Pour aller prendre ce mouillage, ou entrer dans la rivière, on devra, aussitôt que l'on aura relevé l'île à Unka, au Sud-Ouest, faire route à l'Ouest, jusqu'à ce que l'on ait atteint les 6 brasses. L'île devra rester au Sud; dès-lors, un canot se dirigera vers l'Ouest jusqu'à ce qu'il ait trouvé le bas fond du Nord, près de l'île Shefëen, sur lequel on placera une bouée. Elle sera suffisante si le vent est sous vergue; dans le cas contraire, une deuxième deviendra nécessaire sur le bas fond du Sud, près de l'île des Eléphants. On fera route à passer entre les deux points signalés.

Pendant le cours de cette navigation, on ne trouvera pas moins de 4 à 5 brasses d'eau.

Aussitôt que l'on aura atteint les 8 et 10 brasses, l'île devra rester au Sud-Est. On fera route à l'Ouest-1/4 Nord-Ouest ou à l'Ouest 25° Sud, suivant que les vents dépendront du Nord ou du Sud.

On suivra cette même route jusqu'à découvrir l'entrée de la rivière, reconnaissable par la pointe Reuben en terre très rouge, coupée en coin de mire assez élevée; elle en forme l'entrée de tribord.

Celle de babord, très basse, se trouve couverte d'arbres de différentes grandeurs; le bord de la mer forme une plage de sable jaune.

Aussitôt que l'on sera certain de son embouchure, on gouvernera sur la première pointe indiquée, jusqu'à ce que l'on ait obtenu 4 brasses, et même 3 brasses, après quoi, on gouvernera à mi-canal, jusqu'à ce qu'on soit par le travers de la ville des traitants située à un mille de son embouchure, sur la rive gauche, par 9 brasses, fond de sable vasari.

Pendant tout ce trajet, on trouvera un fond très irrégulier : des 6 brasses obtenues lors du départ du canot, le fond diminuera graduellement jusqu'à 4 et même 3 brasses, augmentera rapidement jusqu'à 8, 12 et même 15 brasses, diminuera de nouveau jusqu'à 3 et 4 brasses, profondeur de l'embouchure de la rivière; on conservera ce même brasséïage jusqu'à ce qu'on soit Nord et Sud de la pointe rouge au Reuben ; il augmentera successivement jusqu'à 12 brasses ; mouillage à pleine mer devant la ville.

Etablissement du port au cap des Courans	4 heures	10
A l'île à Unka	4	-	30
Dans la rivière devant la ville	5	—	10
Hauteur de la marée, temps ordinaire	10 pieds.		
Hauteur de la marée dans les mauvais temps	15 pieds.		

Commerce — Il consiste en poudre d'or, ivoire, cire, pointes de rhinocéros, peaux de bœufs, tigres, zèbres, huile et suif de maffura.

La poudre d'or n'est pas extraite dans cette contrée ; les traitans de la rivière pensent que les naturels voisins l'échangent avec les peuples des grandes villes intérieures du golfe de Sofala, dont la principale est Rio-de-Seine.

La ville portugaise, située sur la rive gauche, à un mille de son embouchure, placée entre deux collines de sable, n'offre aucun point remarquable. Sans la position de sa forteresse, défendue seulement par quatre pièces de canon de huit et qui domine la rade et la route qui conduit dans l'intérieur, on ne pourrait croire à l'existence de cette ville.

Les maisons, à rez-de-chaussée, bâties en pierres, revêtues de chaux, de coquilles, couvertes en feuilles de lataniers et roseaux, sont assez agréables. Celles qui sont le plus rapprochées des bois sont placées dans d'énormes cours formées de gavelles, entrelacées de roseaux qui fort souvent sont détruites la nuit par les éléphants et les rhinocéros.

Cet amas de maisons comprend un mille de circonférence.

Les habitants de la ville, au nombre de 300, sont généralement bons. Ils se divisent en quatre races :

1° Les blancs du pays, quoique mulâtres, forment le premier commerce ;

2° Les Cafres, les Arabes, les Maures et des naturels de l'intérieur forment le deuxième commerce.

Les naturels de l'intérieur ne peuvent se mettre en relation d'échange avec les navires qu'avec la permission du gouverneur, qui lui-même fait partie du premier commerce, moyennant une forte rançon, évaluée à 15 0/0 sur la valeur des marchandises vendues. Cet usage arbitraire les oblige à faire une fraude considérable en se rendant à bord des navires la nuit, pour y faire leurs échanges

Il existe encore un troisième commerce, composé de bagnamms et d'italiens qui voyagent dans l'intérieur; ceux-ci possèdent de grands capitaux.

Religion. — Il y en a autant que de peuplades, c'est-à-dire à l'infini. Dans aucune circonstance il ne faut leur offrir de substances défendues par leur religion, cela seul les empêcherait de traiter.

En remontant la rivière on trouve plusieurs grands villages habités par des Cafres.

Dans la rivière des hippopotames et dans la rivière du roi, il existe des villages et des villes très considérables, qui ne sont accessibles qu'à des embarcations de 20 à 30 tonneaux, attendu que la plus grande profondeur d'eau, dans les marées, n'est que de cinq pieds.

Productions naturelles du sol. — Millet, Maïs, choux, pommes de terre douces, giromons, salade, melons, bananes, palmistes, raisins, radis, pois, mangles, sapotilles, pistaches. Plusieurs points dans les bois produisent le tabac et le coton sauvage, mais la paresse des habitans et leur peu de connaissances en culture font que tous ces produits sont perdus, ce qui fait vendre avec avantage toutes espèces de comestibles préparés convenablement pour en rendre le placement facile.

Les bois varient à l infini. Les plus communs sont l'ébène rouge, le bois de fer, plusieurs espèces de bois de teinture et le maffura, dont les graines produisent l'huile et le suif de ce nom. Cette substance peut à l'avenir offrir de grands avantages, lorsque les naturels en trouveront le débouché.

Chaque année, à l'aide de la mousson du Nord Est, cette contrée est approvisionnée par des palines arabes venant de Dyoü et de Goa et qui s'en retournent avec la mousson du Sud-Ouest. Les capitaines de ces barques possèdent peu de connaissances astronomiques et maritimes; leurs boussoles ne marquent que 12 aires de vents, ils n'obtiennent la latitude qu'à 30 où 50 minutes; pour la déclinaison du soleil, ils se servent toujours du même nombre, soit au Sud ou au Nord de l'équateur. Aussi les armateurs ne les font ils naviguer que d'un point à un autre, à l'aide des bons vents. On voit souvent ces bâtiments emporter dans le Nord de l'Inde des cargaisons d'un milion de valeur.

Climat. — Dans l'été, la chaleur est presque insupportable, parce que le sable dont le sol est couvert dans toute la ville reflèchit avec force les rayons du soleil. La nuit, les rosées sont très abondantes et entretiennent la végétation.

Maladies. — Sont la dyssentrie, les fièvres de toutes sortes, l'itace. On les évitera en se dispensant de liqueurs fortes, des mets épicés et des relations avec les femmes. Ce plaisir coûte presque toujours la vie aux Européens qui n'ont pas habité cette côte au moins six mois

Pendant huit mois de séjour sur cette côte et dans les îles, un seul matelot a succombé par la dyssenterie.

Chasse des éléphants et des rhinocéros. — Les naturels, par compagnie de 20 à 30, construisent dans les bois d'énormes fosses dont la profondeur va souvent à 40 pieds, recouvertes d'une trappe en feuillage ou en terre sur le passage frayé par ces animaux, qui se détruisent eux-mêmes, en cherchant à en sortir, par l'amoncellement de la terre sous laquelle ils s'ensevelissent.

Le plus souvent, on les tue à coups de sagaies, espèce de lances. Ce mode est employé au lever et au coucher du soleil, au moment où les éléphants et les rhinocéros se réunissent en groupes pour aller boire. Les naturels, par compagnie, munis de sagaies, lacets et d'étoiles en bois de fer, couvrent de ces dernières le passage frayé par les gigantesques quadrupèdes, ce qui rend la marche de ceux-ci presque impossible (ces étoiles leur entrant dans les pieds.) Chacun des chasseurs étant embusqné derrière et dans de gros arbres, à un signal donné une pluie de sagaies tombe sur l'animal, puis à l'aide des lacets ils finissent par s'en rendre maîtres. Les défenses et la chair des quartiers de l'arrière sont emportées, le reste devient la pâture des bêtes féroces. Il est à regretter que le cuir soit abandonné, il serait d'une grande valeur en France

Deux fois j'ai assisté à ces chasses ; l'exaltation des chasseurs est telle, qu'il n'y a pas de différence dans leurs cris et ceux des bêtes sauvages.

Hippopotame. — Cet amphibie se prend à l'aide de harpons, munis d'une ligne et d'une bouée en bois de savon. L'animal, qui toujours fuit l'homme, une fois piqué, disparait dans les rivières. La bouée sert à suivre sa trace pour le piquer de nouveau, si le coup porté le premier était insuffisant. Les dents et la peau ont une certaine valeur.

Ile Mozambique.

Mozambique. — Cette baie, à l'aide des plans, offre une entrée trop facile pour en donner aucune description. Il existe cependant un pilote-major qui vient prendre les navires en dehors des deux petites îles entre lesquelles on doit passer pour aller prendre mouillage au point de l'île Mozambique.

Cet île est le dépôt de tous les produits venant de la grande terre, ou côte de Missouri.

Les produits sont l'ivoire, poudre d'or, cire, écaille, nacre, racines gingembre, safran et calwmbo. Vingt à trente navires arabes, maures, musulmans, prennent mouillage dans cette baie tous les ans ; le mouvement d'affaires est considérable.

Rivière de Ihamban.

Navigation. — Pour entrer dans cette rivière, venant du Sud, on ne devra jamais approcher la terre du cap de Wilberforce, qui conduit à l'embouchure de la rivière, à moins de 20 brasses d'eau, jusqu'à ce que l'on ait relevé le piédestal à l'Ouest, 1/4 Nord-Ouest. (Ce piédestal ou balise en pierre ressemble à un navire sous voiles au plus près du vent). Aprés ce relèvement, on découvrira très bien l'entrée de la rivière, étant placé sur la vergue de misaine. Pour y entrer avec toute sécurité, on devra placer les bouées de chenalage : l'une sur la pointe de sable qui part de la terre du cap Wilberforce et l'île Maffura, pour marquer l'entrée de babord; l'autre sur la partie de la barre le plus somme, afin d'établir le chenal entre les deux bouées. On devra de préférence entrer à la marée du matin. Aidé par le courant, on gouvernera le navire soit par les embarcations ou au moyen d'aussières élongées à l'avance. A la marée du soir, la brise étant toujours fraîche, on entrera sous une voilure maniable.

La barre, si toutefois c'en est une, se trouve franchie dans l'espace d'une minute.

La hauteur de l'eau dans les petites marées est de 3 brasses. Pour attendre le moment favorable de l'entrée, si l'on ne peut se maintenir sous voiles, on devra mouiller le jour par 6 brasses, la nuit par 12 brasses, lorsqu'on aura franchi la barre, ce dont on s'apercevra soit par les deux bouées placées ou par la sonde qui augmentera de 3 à 6 brasses.

La ville portugaise, placée sur un plateau élevé, offre un aspect très pittoresque Les maisons, en pierres, sont revêtues de chaux, de coquilles; plusieurs ont un premier étage; le rez-de-chaussée est élevé de quatre à cinq pieds au-dessus du sol.

La ville arabe, située dans un bas, s'aperçoit à peine en montant la rivière; les maisons, en forme de cahutes, sont bâties en branchages d'arbres et en terre franche et couvertes en feuilles de latanier.

Les habitans, au nombre de 4000, se composent de Portugais, d'Italiens, de Génois, de naturels de Dyoü, de Goâ, de Mascate et d'Arabes de Mascate.

Le premier commerce se compose du gouverneur, du directeur de la douane, du juge de paix, du tabellion ou notaire, des Génois et des Italiens.

Le deuxième commerce se compose des arabes et des musulmans de Mascate.

Le troisième commerce est formé par des naturels de l'intérieur, d'origine cafre.

Les productions sont l'ivoire, l'écaille, l'ambre, le nacre, la cire, du miel fin, l'huile de casteigne, huile et suif de maffura, peaux de tigres et de zèbres, des bois d'ébénisterie et de teinture en abondance.

Maladies. — Les fièvres billieuses et les constipations.

Quillmann.

Comptoir très important, population nombreuse. Les produits et les habitans sont les mêmes qu à Mozambique.

Sofala.

Comptoir formé en partie par des bagnamms et des arabes de la côte d'Ajan. Quoique sous la domination portugaise, les autorités, peu influentes, sont des mulâtres de Dyoü qui eux-mêmes se livrent au commerce. Ce comptoir est le dépôt de la poudre d'or qui vient de Rio-de-Seine ou de la rivière d'or; l'ambre se trouve en assez grande quantité. Cette partie de la côte est plus saine que toutes les autres

Noms des principales baies et rivières

Que l'on pourra visiter sans s'occuper de celles au Nord de l'équateur autre que le grand ou le petit Sestre.

Le premier mouillage sera fait entre le 4me et le 5me degré de latitude Sud, soit :

1° A baie de Loango.
2° Au fleuve du Couango.
3° A la baie de Loanda
4° A l'entrée du vieux Benguela.
5° A la baie de Saint-Philippe de Benguela.
6° A la rivière de Angra.
7° A la baie des Baleines.
8° A la rivière des Eléphants.
9° Au port Natal.
10° A la baie de Lorenço.
11° A la rivière de Inhanban.
12° A la baie de Sofala et la rivière.
13° A la rivière de Quilimann.
14° A la baie de Mozambique.
15° A l'île Oïbe.
16 A la baie de Bonbectoe.
17° A l'île Ajouan.
18° A l'île grande Gommore.
19° A la baie de Quilva.
20° A l'île Zazibar ou Zanquebar.
21° A la baie de Pemba.
22° A la baie de Monbase.
23° A la baie de Melinde

Nantes. Imp. du Commerce, Mme veuve Mangin, quai de la Fosse, 25.

www.ingramcontent.com/pod-product-compliance
Lightning Source LLC
LaVergne TN
LVHW020312230826
846091LV00006B/2643
9782012468566